AF366435

MEMORIAS DE BALI

SERGI MARTÍNEZ JÁTIVA

MEMORIAS DE BALI

EXLIBRIC

ANTEQUERA 2023

SERGI MARTÍNEZ JÁTIVA

MEMORIAS DE BALI

Para Miriam Guadalupe.
Para Cristina y Ruby.
Para mis hijas, Laura y Elena.
Para mi hermana Susana.
Para mi hermana Elizabeth, que se merece dos cielos.
Para mi sobrina Elizabeth.

Es posible que la frase sea mucho más antigua que su divulgación generalizada, lo ignoro, pero viene a mi recuerdo de años pasados una publicidad difundida por televisión que hoy puedo rememorar gracias a las nuevas tecnologías. Una agencia de viajes lanzó el mensaje: «La vida da muchas vueltas, pero las vueltas dan mucha vida». Quedó grabado en mi memoria para siempre.

Aunque la edad es importante en la atracción física, sin embargo, no es el único factor que puede transcender en la seducción de una persona. El carácter, la compatibilidad emocional, los intereses y valores personales son componentes fundamentales que convulsionan el encariñamiento hacia el otro individuo.

Así pues, creo que la vida está formada por un conjunto de emociones cotidianas que hace que reaccionemos dependiendo de las cartas que tengamos para jugar la partida del día.

Introducción

Después de dieciocho horas de vuelo desde Bali a Barcelona, más una hora en tren hasta Segur de Calafell, llegué por fin a mi casa. Abrí la puerta y pude sentir de nuevo la sensación de encontrarme en mi zona de confort, había dejado atrás un viaje en solitario de treinta días por Indonesia.

He de confesar que no sé hablar inglés, pero me defendí bastante bien. Entiendo alguna frase, aunque soy incapaz de entablar una pequeña conversación. Durante todo el viaje utilicé el traductor de Google del teléfono móvil para comunicarme y es verdad que me enredaba algunas veces porque cuando más lo necesitaba no tenía cobertura o bien tenía que reiniciar la aplicación. Al final, con más o menos acierto, siempre salía del apuro.

Me he propuesto intentar estudiarlo, ya veremos… A esta edad se me hace un poco complicado y la memoria no es la misma que hace unos años atrás. Dicen que de los cobardes nunca se ha escrito nada.

Regresaba cansado pero cargado con una maleta y una cámara de fotografiar repleta de recuerdos, emociones y vivencias. Aquel viaje me había sentado muy bien, había rejuvenecido espiritualmente. Bali me enamoró, Lombok me ilusionó y Gili Trawangan me sedujo.

Solté sin orden todo lo que llevaba en mis manos, levanté las persianas para que entrara la luz del día y di una ojeada al apartamento. Después me dejé caer en aquel mullido sofá para intentar relajarme. Con la vista perdida en el infinito y en silencio, pensaba en un pasado muy presente recordando secuencias que habían quedado grabadas para siempre en mi mente.

Fue un viaje inolvidable, conocí la cultura balinesa y también de las islas de Lombok y Gili Trawangan, supe de sus costumbres y manera de vivir, por si fuera poco, nuevos personajes entraron en mi vida.

Como mi cabeza no paraba de pensar, recordaba que antes de partir había reservado mesa en un restaurante para celebrar mi setenta aniversario junto a mi familia. Estaba ilusionado por repartir los regalos que había traído para todos ellos y algunas amistades; sin embargo, echaba de menos a una persona que había conocido en el viaje y con la que me hubiera gustado compartir la celebración.

★★★

Habíamos pasado los años del COVID, un período de tiempo difícil que se hizo largo, muy largo. Fueron años dramáticos, las noticias en los medios de comunicación eran cada vez más espantosas a medida que pasaban los días y la pandemia obligó a la población a permanecer confinada en sus hogares, aumentando el aislamiento y la soledad.

Tuvo su comienzo a principios del 2020 y, durante más de dos años, el virus se llevó muchas vidas, familiares o amigos se fueron de nuestro lado, aquella desgracia provocó una crisis sanitaria, económica y social que se extendió por todo el mundo.

A principios de 2023 ya casi se daba por concluida la pandemia, no obstante, en algunos lugares todavía teníamos que usar mascarillas, pero ya se empezaba a ver el final del túnel y la vida volvía a ser lo más parecido a la etapa anterior a la pandemia.

Había seguido con escrupuloso rigor todas las advertencias sanitarias recomendadas, quizá por eso y acompañado por las inmensas ganas de vivir, tuve la suerte de esquivar la invisible guadaña que amenazaba nuestras vidas.

Elegí ese año y una vez pasado todo aquel horrible episodio, no esperé más y decidí darme el regalo de aniversario que durante la pandemia había estado pensando. Durante semanas planifiqué el viaje al detalle, día por día, cada trayecto con su ruta y sus tiempos, aunque posteriormente y ya en el lugar, me di cuenta de que calcular el tiempo en los desplazamientos por calles y carreteras de Bali no tenía ningún sentido.

Después de haberlo programado muy detenidamente y con toda la ilusión del mundo, el 18 de abril puse rumbo a Indonesia.

Pasé prácticamente un mes en la isla de Bali, fijando en la ciudad de Ubud el centro de operaciones, pero durante ese tiempo y para ampliar mis conocimientos sobre la cultura de aquellas tierras, decidí hacer una incursión de una semana a las islas vecinas de Lombok y Gili Trawangan para, posteriormente, volver a la ciudad de Ubud y seguir disfrutando el resto de mis vacaciones. Y fue aquí, en este lugar y en ese tiempo, cuando verdaderamente tomó diferente sentido y dio mayor vida a este viaje a Indonesia.

1

Primer día

Ubud es una encantadora ciudad situada en las tierras altas de Bali, casi en el centro geográfico de la isla, con un clima tropical que oscila entre los 24 y 32 grados y un nivel de humedad altamente elevado. Es cobijo de artistas tradicionales y sus museos y galerías de arte representan la cultura, el sentir y las tradiciones del pueblo Balinés. Su ancestral arquitectura, sus costumbres y templos hindúes balineses ofrecen una visión de la espiritualidad y de su religión que hacen de ella una ciudad hospitalaria y agradable como pocas hay en el mundo.

La ciudad está rodeada por campos de arroz, palmeras por doquier y bosques tropicales que hacen de su paisaje el más acogedor de los lugares para disfrutar de la naturaleza.

En el centro, multitud de comercios de ropa, joyas y recuerdos, además de establecimientos de estética y masajes, alargan el caminar de sus calles provocando la tentación de sus visitantes a comprar, no sin antes regatear enconadamente con los vendedores hasta encontrar el precio justo por ambas partes.

Me fui con la idea de que Ubud es la ciudad paraíso para las mujeres, puedo estar equivocado, pero me dio la sensación de que el ochenta por ciento de las tiendas estaba orientado por y para ellas, lo cual no tengo nada que objetar.

La diversidad de oferta gastronómica la convierte en un paraíso para los amantes de la comida, si bien he de confesar que a los quince días ya echaba de menos un bocadillo de pan crujiente con jamón serrano, la ciudad cuenta con una gran variedad de restaurantes con platos balineses y cocina internacional, sin olvidar, por supuesto, la comida callejera.

Es imposible pasar por alto la amabilidad de sus gentes, son sociables y muy respetuosos.

Pasear por sus calles, a pesar del gentío que invadía las aceras, me resultaba gratificante y agradable. Tanto los balineses como las balinesas miran a los ojos y siempre acompañan el saludo con una sonrisa en sus labios. Comprobé, además, en primera persona, que estaban dispuestos a ayudar en cualquier momento. Llevaba yo una chuleta en el móvil con una docena de las palabras más comunes que se pueden usar en el día a día y vi como mostraban su gratitud cuando les hablaba en su idioma. Sin duda, su espiritualidad, naturalidad y su forma de ser enamoran a cualquiera

A pesar de la diferencia cultural y del idioma, nunca me sentí extranjero, no es de extrañar que Bali atrape de tal manera que mucha gente quiera quedarse a vivir allí. Pienso que es el lugar ideal de aquellas personas que tienen la posibilidad de teletrabajar.

Allá en Ubud, me alojé en una villa antigua de estilo balinés, verdaderamente su antigua construcción era un auténtico testimonio de la cultura y tradición de la isla, quedaba rodeada de luz natural y ornamentada con jardines exuberantes. El patio central era el corazón de la villa, un lugar donde se reunían la familia y amigos, estaba bordeado de terrazas y decorado con fuentes y mucha vegetación

Alrededor de aquel patio se hallaban los alojamientos donde residían los diferentes miembros de la familia, una especie de vivienda unifamiliar que consistía en una enorme habitación con aseo propio. La cocina era una construcción independiente, separada casi al final de las habitaciones. Completaba la villa la presencia de un santuario, un lugar exclusivamente dedicado a la oración y la meditación, y estaba consagrado a los dioses y antepasados de la familia.

Todos estos elementos que conformaban la villa estaban unidos entre sí por caminitos estrechos pavimentados de piedra volcánica y cuyo material había sido extraído de la propia isla.

A pesar de estar ubicada en el centro de la ciudad, la villa ofrecía paz y tranquilidad propia de un retiro monacal, aunque de vez en cuando, sobre todo durante las tardes, la paz se veía alterada por la repentina incursión que hacían los monos saltando de tejado en tejado y paseando por las terrazas de la ciudad en grupos de cinco o seis, intentando encontrar algo de comida o requisar cualquier objeto que se pusiera a su alcance, con el consiguiente disgusto de no volver a ver nunca más aquello que se habían llevado. Procedían del Monkey Forest, lugar en el que viven, y aunque no son de naturaleza agresiva, su presencia se hacía intimidadora. Incluso eran capaces de plantar cara mostrando una posición desafiante, exhibiendo sus afilados dientes cuando se les regañaba para intentar alejarlos. Una vez habían conseguido su objetivo, emprendían la retirada y todo volvía a la calma.

Me llamó la atención la limpieza casi obsesiva que tienen las mujeres, y es que, para ellas, la limpieza es una parte importante de la cultura balinesa, peculiaridad, a mi modo de ver, que las distingue de otras islas de Indonesia. Se considera una forma de meditación, una forma de oración, porque cuando las mujeres balinesas limpian, a menudo rezan o cantan mantras y eso las ayuda a conectarse con lo divino.

Ellas son las responsables del mantenimiento del hogar y suelen limpiar los suelos del interior de las villas y sus jardines. Los árboles se consideran sagrados y con una especie de garfio unido a un palo de largas dimensiones, podan las hojas amarillas antes de que estas caigan al suelo. Además, las aceras de las calles, por lo que me di cuenta, eran barridas dos veces al día, por la mañana y por la noche, utilizando para ello una escoba de bambú y agua.

Al dormitorio se accedía subiendo por una escalera que daba a una gran terraza que compartía dos habitaciones. Cada habitación disponía en el exterior de una mesita con dos sillas, y en aquel lugar tranquilo, acogedor y protegido por la sombra era donde después de comer me refugiaba y transcurrían lentamente las calurosas y húmedas tardes de Ubud, haciendo memoria de los días pasados en aquellas islas y editando en el ordenador personal las fotografías que había realizado.

Interior de una villa balinesa

Aterricé de nuevo en Bali el 9 de mayo después de pasar una inolvidable semana en las islas de Lombok y Gili Trawangan, pero un pequeño altercado rompió la tranquilidad con la que había transcurrido el viaje hasta entonces.

Cansado de esperar y ver que en la cinta de recogida de maletas no llegaba la mía, me dirigí a la oficina de reclamaciones del aeropuerto.

Habían retenido la maleta en el aeropuerto de Lombok, el motivo era que dentro de ella llevaba mi ordenador personal y, al parecer, eso no estaba permitido, lo tenía que haber llevado en mano. La batería, decía el jefe del departamento de reclamaciones, era el principal problema, argumentando que dicho objeto podía ser el causante de un incendio en la bodega del avión.

Mi ignorancia y la falta de información dieron paso a este desagradable suceso. Quedé extrañado, pues hasta ese momento nunca me dijeron nada en los vuelos anteriores, tanto internacionales como domésticos. Como consecuencia, aquel día me quedé sin muda, medicación ni utensilios de higiene personal y tuve que volver al día siguiente a recoger la maleta al aeropuerto de la ciudad de Dempasar, con el consiguiente fastidio que ello suponía.

Centro de la ciudad de Dempasar

Había seguido con escrupuloso rigor todas las advertencias sanitarias recomendadas, quizá por eso y acompañado por las inmensas ganas de vivir, tuve la suerte de esquivar la invisible guadaña que amenazaba nuestras vidas.

Elegí ese año y una vez pasado todo aquel horrible episodio, no esperé más y decidí darme el regalo de aniversario que durante la pandemia había estado pensando. Durante semanas planifiqué el viaje al detalle, día por día, cada trayecto con su ruta y sus tiempos, aunque posteriormente y ya en el lugar, me di cuenta de que calcular el tiempo en los desplazamientos por calles y carreteras de Bali no tenía ningún sentido.

Después de haberlo programado muy detenidamente y con toda la ilusión del mundo, el 18 de abril puse rumbo a Indonesia.

Pasé prácticamente un mes en la isla de Bali, fijando en la ciudad de Ubud el centro de operaciones, pero durante ese tiempo y para ampliar mis conocimientos sobre la cultura de aquellas tierras, decidí hacer una incursión de una semana a las islas vecinas de Lombok y Gili Trawangan para, posteriormente, volver a la ciudad de Ubud y seguir disfrutando el resto de mis vacaciones. Y fue aquí, en este lugar y en ese tiempo, cuando verdaderamente tomó diferente sentido y dio mayor vida a este viaje a Indonesia.

★★★

Era jueves, 11 de mayo, como siempre, todo transcurría con absoluta normalidad. Sesteaba medio adormecido después de comer en la interminable cama tipo queen con el aire acondicionado en marcha para mitigar aquel sofocante calor, pensaba salir a la terraza y ponerme a editar las fotografías que había hecho en las islas de Lombok y Gili Trawangan, sin embargo, aquella tranquila y silenciosa tarde quedó interrumpida por unos leves golpes en la puerta que reclamaron mi atención.

Quedé sorprendido y dubitativo, ya había dejado por completo en el desván de mis memorias el desagradable recuerdo vivido en el aeropuerto. Sin embargo y de repente, me vinieron a la mente aquellos momentos de inquietud que pasé el día anterior en la oficina de reclamaciones cuando fui a recoger la maleta extraviada.

En aquel instante no sabía qué pensar ni lo que podía pasar. Sin abrir la puerta, pregunté quién era, y mi mayor sorpresa fue escuchar la voz de una mujer joven que en perfecto castellano pronunciaba su nombre.

—Soy Rocío —dijo.

—Un momento, por favor —respondí. No entendía aquella situación.

Hacía más de tres semanas que no escuchaba una palabra en un idioma entendible por mí. Nervioso por la circunstancia, me vestí con rapidez para no hacerla esperar y seguidamente abrí la puerta.

No podía creer lo que veía.

Atractiva, bella, diría yo, delgada, alta, piel morena y ojos de color miel situados a la altura de los míos, pelo castaño de larga melena recogida, piernas de interminable esbeltez, y todo esto, por si fuera poco, embellecido con una amplia sonrisa casi permanente que contagiaba y desarmaba a quien tuviera delante. Falda corta tejana de color azul claro y camiseta clara estampada vestían aquella figura de formas suaves y onduladas; sinuosidades que, según pude observar, había que tomar despacio y con mucha precaución para poder disfrutar de su trazado. El resultado bien podría ser, sin exagerar, una combinación entre Mónica Belucci y Ana de Armas.

—¿Te apetece tomar un té conmigo? —me dijo.

Y sin dudar, acepté con agrado.

—Claro que sí —le respondí.

Mientras entraba en su dormitorio a preparar la infusión, yo seguía preguntándome qué era lo que estaba pasando. ¿Por qué a mí? Las cosas no pasan por casualidad. Toda aquella situación parecía recogida del guion de una película, pero era cierto, tan real como que yo existía.

—Gracias, pero prefiero no tomar té. Siendo la hora que es, presumiblemente no duerma por la noche. Tomaré agua —le dije desde el exterior.

Dio igual que no tomara té, esa noche no dormí, creo que la siguiente noche tampoco y si en algún momento quedé adormilado seguramente soñé con ella.

—¿Cómo has dado conmigo? —le pregunté intrigado.

—Ketut, el propietario de la villa, me ha informado que junto a mi habitación se hospedaba un español y he decidido llamarte.

Nos acomodamos para tomar el té en su parte de terraza, sentados alrededor de la mesa que había justo en la entrada de su habitación. Era increíble, sin habernos visto nunca antes, me daba la sensación de que ya nos conocíamos anteriormente. Su mirada intrigante y dulcemente pícara me sugirió preguntarle qué era lo que la había llevado hasta allí.

—Lo he pensado mucho —me dijo—, últimamente estaba muy angustiada, quería tomarme un respiro y pensar bien los pasos que tengo que seguir para poder solucionar un problema. Mi penúltima parada de este viaje será Madrid, allí es donde vive el amor de mi vida. Después regresaré a mi casa en Altea. He hablado con mi hermano de este tema y también me ha aconsejado que haga este viaje.

Intentaba descansar, relajarse y pensar cuál sería la mejor forma de alejar un pasado turbio y poder afrontar un futuro esperanzador intentando recomponer el romance tempestuoso que tenía con aquel amor casi roto, provocado por un desliz circunstancial de sábanas compartidas que había mantenido con un amigo común en tierras austriacas, país donde ella había trabajado con anterioridad.

La situación era grave y ella lo sabía, difícilmente se podía reparar aquella situación, pero lo quería intentar, quería ser redimida de aquel momento de flaqueza. Seguramente, si pudiera volver atrás en el tiempo, lo hubiera evitado. Sentía la culpa con gran dolor y en su narrativa no pudo evitar que sus lágrimas mojaran sus mejillas, mientras seguía contándome su amarga y desventurada historia.

Le dije que se explayara, que era su tiempo para expresar lo que sentía. Entablamos una conversación tan interesante y profunda que duró casi bien dos horas. Todos los temas eran comunes con los míos, todos los gustos eran comunes, incluso algunas de sus desilusiones eran las mías. Éramos tan iguales que solo nos separaba la diferencia de edad.

Sentí una química especial, una conexión instantánea. Estábamos resonando en la misma frecuencia y a través de ella, estaba viendo el reflejo de mis defectos y virtudes.

Se relajó de su recargado estado emocional y me halagó con sus palabras diciéndome que le gustaba la forma pausada con la que yo me expresaba. Pienso que en aquellos momentos fui su apoyo, fui ese alguien que uno necesita en esas situaciones difíciles de la vida para que lo escuchen, y ella me encontró a mí. Pienso también que en su interior le hubiera agradado que yo, sentado frente a frente, fuera la persona a la que ella quería reconquistar.

Traté de secar sus húmedos ojos y en ese acto me invadió una gran tristeza. Todos aquellos acontecimientos que me contaba hicieron aflorar en mí algunas heridas y conflictos sin resolver, recordando tiempos recientemente pasados, y sin darme cuenta, no sé cómo, quizá por la atmósfera creada, quizá transportado por los sentimientos que florecieron en aquel momento, mis ojos también se enturbiaron.

Es difícil de explicar nuestra reacción, sucedió instantáneamente. Aquellos momentos vividos hicieron posible la creación de un vínculo, una incontenible comunión entre los dos. Al instante y en un acto irreflexivo, inconsciente, nos pusimos en pie y quedamos abrazados. Me dio la sensación como si ella estuviera esperando que yo llegara a su vida, como si yo le hiciera falta en aquellos momentos. ¡Por Dios, cómo iba a imaginar dos horas antes que pudiera estar abrazado a Rocío!

Acto seguido y entre suspiros, intentamos sobreponernos emocionalmente. Entró en su habitación para coger y enseñarme un pequeño cuaderno rectangular hecho con tapas duras y hojas de algodón en su interior. En él plasmaba, en sus momentos de relajación, dibujos de paisajes y animales realizados en acuarelas. Por lo que pude observar, caracterizaba con cierto realismo sus dibujos, dominaba muy bien la técnica de los pinceles y poseía cierto talento innato.

Mientras hojeaba sus encantadores dibujos, busqué en la aplicación YouTube de mi móvil la canción *Viva la vida* de Coldplay para levantar un poco los ánimos y dar algo de alegría a aquel momento. Esa canción, me dijo, la escuchaba muy a menudo cuando cursaba los estudios para obtener la diplomatura de Relaciones Laborales en Alicante.

Su hiperactividad en aquellos momentos no me daba tregua.

—Mira —señaló—, este es el piso que quiero comprarme en Altea —enseñándome las fotografías que tenía guardadas en su teléfono—. Es un piso realmente grande y económicamente asequible comparado con lo que se ve en otras regiones del país.

La escuchaba muy atentamente, estaba tan ilusionada que vi de nuevo como en sus ojos ardía el fuego y en los míos hizo que de nuevo brillara la luz.

—Alquilaré la casa por habitaciones para sacar mayor rentabilidad. Verás, los sofás los quiero hacer de palés de madera pintados. La inversión ha de ser la mínima, claro, pero quiero conseguir que el piso tenga mucho confort y que las estancias sean muy agradables —me comentaba entusiasmada—. Más adelante, aunque no tengo la fecha prevista, quiero hacer un curso de decoración en una escuela de Zaragoza y cuando esté más relajada y tranquila me inscribiré en una academia en Altea para aprender a bailar salsa, me encanta. Eso también podrías hacer tú —me decía—, así tendrías la oportunidad de encontrar pareja.

Yo la miraba y sonreía silenciosamente.

—Pero lo que más me urge para poner en marcha todos los proyectos que tengo en mente es encontrar trabajo y, sobre todo, que no tenga una competencia feroz, como me ha ocurrido en anteriores ocasiones.

Su ilusión por vivir era contagiosa, pura energía.

—Tengo ganas de que esta situación se acabe y empezar de nuevo —me dijo.

Me tenía atrapado y era difícil esconder que su personalidad y su físico habían fructificado en mi pensamiento. Quedé enredado entonces en un sentimiento emocional que impidió por completo dar paso al sentimiento racional durante aquellos tres días.

Me miró, y su sonrisa volvió a florecer.

—Me gusta tu mirada, me gusta tu sonrisa —le dije.

—¿Por qué me dices tantas cosas bonitas?

—Porque pienso que, si me gustas y te lo hago saber, puede ser un bonito regalo para ti.

Fue entonces cuando envalentonado por mi masculinidad juvenil, mezclado con la firmeza de una edad madura y fogueada, le dije lo que pensaba.

—Estoy empezando a quererte.

A lo que respondió:

—Por favor, no te enamores de mí.

—¿Cómo se hace eso? —pregunté.

Eros me había sorprendido experimentando un fuerte sentimiento de atracción por ella. No puedo saber lo que pasó en aquel momento por su mente, posiblemente la afectación de su relación amorosa con la persona que quería reconquistar influyó en su respuesta y tras unos segundos de latente silencio, cambió la conversación y me propuso ir a cenar con dos amistades que había hecho aquel día.

—He conocido a dos chicas y hemos quedado para ir a cenar esta noche. ¿Quieres venir con nosotras?

Acepté sin dudarlo, la idea me parecía genial. Como aquella noche no tenía un plan, consideré que lo mejor sería dejarme arrastrar por lo que pudiera suceder. «La aventura es la aventura», pensé, y como tal hay que aceptar.

Después de darle mi conformidad, decidió llamarlas para comunicarles que había un comensal más a la cena. No habían acordado el sitio donde se iban a ver y le comenté que un lugar apropiado para aquella cita podía ser un restaurante muy acogedor donde había estado comiendo el día anterior.

Rocío aceptó la propuesta, así que acordamos cambiarnos de vestimenta y quedamos en vernos más tarde en el rellano de la terraza.

Había oscurecido en Ubud, deberían ser cerca de las ocho. Solo el arrullo de alguna tórtola se entrelazaba con el silencio que envolvía la calma de aquella noche.

Evidentemente, salí primero y esperé sentado en mi terraza durante unos minutos hasta que ella hizo acto de presencia.

—¿Te parece bien? —preguntó contorneando su silueta femenina, al tiempo que mostraba su eterna y cautivadora sonrisa.

Aquella pregunta formulada de manera seductora esperaba la correspondiente respuesta obligatoria de mi beneplácito.

—Maravillosa —contesté.

Ese momento, no lo voy a negar, me hizo revivir tiempos pasados.

Cubría su cuerpo un vestido ceñido sujetado con estrechos tirantes y dejaba sus piernas al descubierto un palmo por encima de las rodillas. El estampado de colores rojos, anaranjados y marrones suaves, salpicado con tonos azul celeste, resaltaba su espectacular figura.

—Maravillosa —repetí, mirándola de arriba abajo y de abajo arriba, mientras era devorada por mis ojos.

Tuvimos que ir con la moto que ella conducía; con el trajín que había llevado los días anteriores no me había dado tiempo a alquilar una. También es cierto que estaba algo indeciso después del accidente que había tenido antes de marchar a Lombok.

Sin embargo, durante el tiempo que estuve en esa isla sí alquilé una moto, allí las carreteras y calles son mucho más anchas y menos transitadas, con lo que me daba mucha más seguridad y confianza, aunque, eso sí, circulaba con extremada precaución.

De hecho, en Ubud ya no volví a alquilar ninguna moto durante el tiempo que me restaba de vacaciones, me acobardé recordando el derrame interior que me había producido en la pierna izquierda aquel accidente provocado por una jovencita que se cruzó delante de mí a toda velocidad sin darme tiempo a reaccionar y poder parar, pero tuve la gran fortuna de que la fuerza de mis piernas pudo evitar de forma milagrosa la caída de mi cuerpo al suelo.

El tráfico en Bali suele ser bastante caótico. Igual que en muchos países asiáticos, circulan por la izquierda, no hay muchas indicaciones ni señales de tráfico y conducen con muy poca precaución, tienen su propio código de circulación no escrito que solo entiendes cuando llevas viviendo una larga temporada allí. Conducir por Bali es toda una aventura, la falta de una infraestructura de carreteras adecuada y la cantidad de motocicletas y automóviles que circulan son los causantes de grandes atascos y accidentes que imposibilitan la programación de una llegada a tiempo.

Sujetándome por su cintura, recorrimos la ciudad de Ubud, hipertransitada y semioscura. Me sentía seguro, conducía con mucha precaución y soltura, eso me dio tranquilidad y dudaba de que yo lo hiciera mejor.

Dejamos aparcada la moto cerca del restaurante y recorrimos a pie por las calles de aceras estrechas y maltrechas, abriéndonos paso entre la gente y las múltiples motocicletas aparcadas en batería, evitando dar un puntapié a las ofrendas que depositaban las balinesas en las aceras frente a los domicilios, restaurantes y tiendas.

Por las calles de Ubud

Canang Sari

Ofrendas a los dioses

Estas ofrendas a los dioses se hacen por costumbre a primera hora de la mañana y están fabricadas manualmente en hoja de palma tejida. Habitualmente tienen forma cuadrada o rectangular y en su interior depositan flores de diferentes colores, arroz y frutas acompañadas de incienso. He visto también colocar en ellas pequeñas galletas e incluso cigarrillos, todo ello forma parte de la cultura y religión balinesa.

—¿Has visto los jardines del templo hinduista de Taman Saraswati? Está cerca y aún queda tiempo para encontrarnos en el restaurante con las otras chicas.

—Me parece bien, vamos —me dijo.

Entramos al recinto exterior ajardinado, antesala de la entrada principal del templo y, por cierto, de acceso gratuito. El jardín estaba flanqueado por grandes estanques poblados de flores de loto de colores rosas y blancos. La iluminación cambiaba lentamente de intensidad y color, propiciando el clima idóneo que incitaba al romanticismo. Recorrimos lentamente aquel oasis de paz y silencio, envueltos por el perfume que a nuestro paso regalaban los parterres repletos de flores.

Aquella noche y en aquel lugar, en un acto espontáneo, impulsivo, sin pensarlo ni prever sus consecuencias, sujeté con mis manos su cintura e intenté besarla. ¡Lo que hubiera dado por ser correspondido! Pero no sucedió así, su rechazo fue inminente. Me sentí extraño, su desaprobación me dejó abatido y después de caminar unos pasos, nos sentamos sin mediar palabra al borde del estanque observando la gente y el lugar. Quedé inmerso en una contradicción que no la podía atenuar siquiera aquel cálido y mágico escenario que nos rodeaba.

Templo Taman Saraswati

Por un breve instante sentí su ausencia, estaba abstraída en sus pensamientos, alejada de aquel tiempo. Quizá puedo suponer que su mente volaba por otros lugares.

Sin perder la compostura, me dije: «Muchacho, otra vez será». Pero su excusa no se hizo esperar.

—Tengo la menstruación —me dijo—. Lo siento, no me lo esperaba, por un momento me he sentido agobiada, me ha sorprendido tu actitud.

Perdona, no pensé que te pudiera enojar —le respondí

Su reacción impulsiva fue totalmente comprensible y como entre los dos se hacía posible esa mágica conexión que no es fácil de explicar, el buen estado de ánimo volvió nuevamente a nosotros, el que había predominado durante toda la tarde.

Evidentemente también fue comprensible, como no podía ser de otra manera, la sugerencia que sutilmente me propuso de inmediato.

—Me gustaría comprar un vestido que he visto esta mañana. ¿Te parece bien que vayamos a verlo? —preguntó como si no hubiera pasado nada.

—Claro que sí —respondí.

Esa inteligente y oportuna propuesta, entendí, podía ser fruto de la combinación de síntomas físicos y emocionales del momento, o bien podía ser un antojo que yo encajo dentro del síndrome menstrual, o las dos cosas a la vez. El caso es que hizo que definitivamente quedara en anécdota lo ocurrido anteriormente y todo volviera a su cauce.

Salimos de los jardines del templo y nos dirigimos en busca de la tienda. Ella no recordaba el lugar y anduvimos nuevamente por el laberinto que formaban aquellas callejuelas superpobladas de gente durante bastante tiempo, hasta que por fin dimos con el local.

Pidió a la dependienta el vestido que ya se había probado anteriormente. La chica buscó entre las perchas y le entregó dos modelos distintos, aunque del mismo color.

Rocío entró en el probador de cortinas correderas. Mientras, aguardaba yo en la antesala del mismo esperando su salida. El primer vestido que se probó le quedaba demasiado ajustado y el modelo no era el que a ella le acababa de convencer, a mí tampoco me terminaba de seducir, así que entró de nuevo al vestidor y se probó el segundo vestido. Volvió a salir mirándome con su sonrisa habitual. Era buena conocedora de sus encantos femeninos y los exhibía posando para mí.

—¿Qué te parece? —preguntaba mientras giraba su cuerpo apoyando la mano izquierda en su cadera, al tiempo que se miraba al espejo situado entre los probadores.

Aquel vestido pantalón de lino, fruncido por la cintura y los brazos semidescubiertos de color gris antracita, magnificaba su esbeltez resaltando sus equilibradas ondulaciones con extrema elegancia y exquisita personalidad.

—Encantadora, te queda de maravilla. Sin duda, es este le dije. Por enésima vez volvíamos a tener el mismo gusto.

Sabía cautivar y seducir, me rendí de nuevo a su belleza, esa mujer me gustaba.

¿Cómo me podía sentir en aquel instante sabiendo que tenía la batalla perdida?

Decidida la elección, se dirigió de nuevo al probador para cambiarse de ropa. Aprovechando el momento en que Rocío se cambiaba el traje, me dirigí a la dependienta indicándole que yo abonaba el importe, y esta, esgrimiendo una sonrisa de complicidad, me acompañó hasta la caja.

Salió Rocío del vestidor y entregó el traje a la dependienta con cara de satisfacción, al tiempo que preguntaba por el precio del vestido. La vendedora lo empaquetó en una bolsa de papel y se la entregó en mano, indicándole que ya se había hecho el pago por mi parte.

Su reacción, creo, fue irreflexiva y con una evidente expresión de felicidad por el regalo, se dirigió a mí dándome un beso, ese beso que ansiosamente hubiera querido recibir momentos antes en los jardines del templo Taman Saraswati.

Salimos a la calle en dirección al restaurante, me tomó del brazo y así anduvimos unidos durante largo tiempo. No es fácil describir el goce, la alegría y satisfacción que sentí durante aquel trayecto. Me había inyectado una sobredosis de felicidad, cada minuto que pasaba con ella era un cúmulo de sensaciones y apenas hacía solo unas cuantas horas que nos conocíamos.

La premura aceleraba nuestros pasos y llegamos por fin al restaurante donde habíamos quedado, el Gedong Sisi Warung, en la céntrica calle Jl. Raya Pengosecan, un lugar muy acogedor situado frente al moderno mercado de *souvenirs* y muy cerca del Palacio Real, residencia habitual de la familia real de Ubud.

Pedimos una mesa para cuatro personas. La camarera iba ataviada con una *kebaya panjang*, camisa tradicional balinesa, de color blanco y de tela semitransparente, y lo combinaba con un *sarong* estampado de colores, un pareo de falda larga y envolvente que rodeaba su cintura. Con una sonrisa de bienvenida y gesto delicado, nos acompañó hasta la parte posterior del restaurante, una terraza descubierta en la que se podía contemplar el cielo estrellado de Bali.

La mesa estaba colocada sobre una tarima de madera, protegida por una baranda lateral que dejaba entrever bajo nuestros pies el paso de un riachuelo subterráneo y una piscina habitada con grandes carpas de colores blancos, rojos y anaranjados. La decoración estilo balinés, el murmullo del agua y una suave música ambiental modelaban el entorno de aquel extraordinario lugar

Apenas tomamos asiento, llegaron Cristina y Ruby, dos chicas que por edad las podría situar entre Rocío y yo, pero por prudencia no me atrevo a descifrar. Ya sé que el sustantivo *chicas* puede que no sea el más correcto, pero me siento cómodo a la hora de hablar de ellas.

Con sonrisas y besos nos presentamos los cuatro, y una vez tomamos asiento resaltamos la excelencia de aquel lugar. Nos sentíamos muy cómodos, era un buen principio para una magnífica cena.

La camarera nos trajo las cartas del menú, evidentemente escritas en balinés y en inglés. Yo me fijaba en las fotografías que acompañaban al texto, pero Rocío, percatándose de mi torpeza y la falta de decisión en elegir, tradujo del inglés al castellano los ingredientes que llevaba cada plato. Le agradecí la gran ayuda, que me sirvió para elegir la cena de aquella noche, y después de que la camarera tomara nota de la comida, les recordé una anécdota que me pasó días anteriores en un restaurante situado en las terrazas de Tagalalang.

Eran las nueve y media de la mañana y a esa hora el termómetro ya marcaba treinta grados de temperatura, acompañada de una elevadísima humedad. Después de subir y bajar por las terrazas de arroz decidí que era hora de desayunar y, empapado, llegué al restaurante que había en la entrada, cerca de la carretera. Tomé asiento y miré la carta, y por intuición, elegí la fotografía que correspondía a algo parecido a unos rollitos de primavera y al camarero le indiqué con el dedo el texto que enunciaba el plato de comida que yo pretendía degustar. Cuál fue mi sorpresa cuando me sirvieron un tazón de caldo hirviendo con arroz y verduras. Evidentemente, la definición del plato no correspondía con la fotografía. Cuando el camarero me sirvió el plato, obviamente, se dio cuenta de mi expresión, pero intenté de la mejor manera disimular mi torpeza y, sonrojado por la confusión, la temperatura del plato y el calor del ambiente, empecé a comer. Aquel plato estaba riquísimo y a pesar del bochorno me sentó de maravilla.

★★★

La tenía sentada a mi derecha, Cristina frente a mí y Ruby a la izquierda. ¡Qué grupo tan extraordinario formaba aquella mesa! La cena transcurrió entre risas, conversaciones profundas y la sensación de que estábamos conectados de una manera especial. Seguramente, a todos nos gustaría volvernos a encontrar algún día.

La vitalidad y energía de Rocío iluminaban la noche y eclipsaban por momentos la presencia del resto de los comensales. Mientras saboreábamos platos tradicionales de Bali, ella compartió con nosotros más detalles de su existencia y sus sueños. Habló del amor de su vida, su pasión por la decoración, de la intención de comprar un piso, de su deseo de aprender a bailar salsa. Cada palabra suya era como una ventana abierta de su alma, y yo… me sentía seducido por su autenticidad y valentía, a su lado sentía nostalgia de mi juventud.

Cristina era una mujer de gran personalidad, comedida siempre en sus palabras, derrochaba empatía a raudales. Nos deleitó con paisajes de sus relaciones personales intercalando pinceladas de sus queridos hijos. Recuerdo que el menor de ellos se incorporaba días más tarde con ella para pasar unos días juntos. Abogada de profesión en excedencia laboral, había decidido ir a Bali para encontrar paz y tranquilidad. Nos contaba que era una enamorada también del Nepal y sus gentes, hacía veintidós años había adoptado una niña nepalí y gestionaba desde entonces una ONG creada por ella misma para contribuir con el soporte económico al desarrollo de una escuela para niñas y niños de aquel país. Estaba pensando en ceder la antorcha de la dirección de la ONG porque sentía disminuir la intensidad de su dedicación.

Espero que la estancia en Bali le haya servido para cargar fuerzas y continuar con esa labor tan admirable.

Su fuerza me contagió y le pedí que me enviara por correo electrónico una hoja de inscripción para poder contribuir a la causa de la ONG con un donativo anual.

Amante de la literatura, era devoradora de libros y contaba con una facilidad increíble para escribir prosa, cosa que demostró al día siguiente cuando, reunidos alrededor de una mesa por segunda vez para cenar en un restaurante, nos deleitó leyendo en voz alta el texto que había escrito la noche anterior. Su relato fue magnífico, evidenciando sus dotes en el arte de novelar. El aplauso fue unánime y extenso, fue una delicia escucharla.

Ruby era natural de México, aunque residente en California. Extrovertida por naturaleza, infatigable contadora de historias y vivencias. También viajaba sola, ejercía de ama de casa, madre y esposa en excedencia temporal, quería desconectar de la familia numerosa que la rodeaba, aunque eso, al parecer, era misión imposible. El marido controlaba su situación geográfica y sus comunicaciones en Bali casi las veinticuatro horas del día a través del teléfono móvil. ¡Una locura!

Acabamos la cena y después de una larga sobremesa de animada cháchara, apuramos hasta el último minuto. El tiempo nos indicó la hora de marchar, nos despedimos y quedamos en vernos de nuevo al día siguiente. Faltaban todavía muchas cosas por contar.

A pesar de la diferencia de edad, quedaba de manifiesto que entre Rocío y yo había una profunda conexión que no podía ignorar, o eso era lo que yo sentía. Cogimos la moto, la sujeté por la cintura y me dejé llevar de nuevo por las oscuras y concurridas calles de Ubud.

Aparcó frente a la villa en un lugar reservado para las motos y nos dirigimos a las habitaciones. Apoyándonos en la baranda y casi a tientas subimos las escaleras hasta llegar a la terraza. Había un silencio absoluto, solo la penumbra permitía advertir la silueta de nuestros cuerpos.

Antes de despedirnos y susurrando en voz baja para evitar molestar a los demás huéspedes, organizamos el programa del día siguiente.

—Mañana voy a ir a clase de yoga —dijo—, tengo un *ticket* que me da acceso a dos sesiones, una por la mañana y otra por la tarde. Quiero levantarme temprano, cosa de las ocho, así podré aprovechar el día. ¿Y tú qué vas a hacer? —preguntó.

—Quiero ir a pasear por los arrozales que hay alrededor de Ubud —le conté—. Si todo va bien, vendré antes de ir a comer.

—Entonces, si vienes a mediodía, ¿quieres acompañarme por la tarde a la segunda sesión de yoga? Empiezo a las cinco.

—Me parece genial la idea, propuesta aceptada —le dije.

Nos pusimos de acuerdo, como venía siendo habitual en nosotros, y sin más nos despedimos dándonos un beso de buenas noches. Reconozco que esa noche moderé mis impulsos antes de tentar de nuevo al diablo. Ya había experimentado suficientes vivencias durante aquella tarde.

★★★

Puse el despertador a las siete de la mañana, quería darle los buenos días a mi manera. Dormí muy poco, di vueltas en aquella cama hasta la extenuación pensando en todo lo que había ocurrido aquel día, un extraordinario y maravilloso día. Sin embargo, sentía en mí una lucha interna. La advertencia que me había dado al principio, «por favor, no te enamores de mí», seguía resonando en mi mente.

Una y otra vez me decía que tenía que ser consciente de la diferencia de edad y de las complicaciones que podrían surgir, que lo de aquella tarde era imposible que tuviera ninguna posibilidad de continuación, pero era difícil resistirme a la conexión que sentía con ella.

2

Segundo día

Como suele ocurrir cuando pasas la noche en vela, retornó el sueño más profundo precisamente poco antes de levantarme.

Desperté con la alarma del teléfono móvil. Me costaba dar un movimiento, las sábanas me tenían atenazado. Poco a poco fui venciendo aquel amodorramiento y mientras intentaba tomar conciencia de la situación, iba recorriendo con la vista todos los rincones de la habitación hasta ver dónde me hallaba.

Me sentía pequeño en aquella inmensa cama, daba la sensación de que me faltaba alguien para completar aquel espacio vacío. Lentamente fui desperezando mi cuerpo hasta lograr ponerme en pie. Me miré al espejo y no me reconocía, tenía los párpados tan hinchados que parecía que me habían dado una paliza, casi no podía abrir los ojos. Me lavé la cara y muy lentamente fui entrando en acción.

Los dueños de la villa hacían habitualmente la limpieza de la habitación cada dos días y junto a la hervidora eléctrica que había sobre la mesa, reponían los sobres de azúcar y café soluble. Mientras aguardaba que la leche calentara, seguía desperezándome, intentando desentumecer los músculos semiagarrotados.

Desplacé las cortinas que impedían la entrada de luz en la habitación y tomé asiento dirigiendo la mirada hacia el cielo azul radiante, mientras sorbía el café con leche caliente, despacio, muy despacio.

Sosegadamente y ya completamente despierto, hice de nuevo un ejercicio recordatorio de lectura retrospectiva a través de los acontecimientos del día anterior. Reiteradamente, el lado racional me afligía haciéndome comprender que Rocío no sentía lo mismo que yo, y ese pensamiento, lamentablemente, aplacaba en cierto grado mi euforia, pero como estaba inmerso en aquella bonita historia, tenía que afrontar el día con entusiasmo. Además, hacía tiempo que no experimentaba las ganas de vivir que sentía aquella mañana, hoy la volvía a ver de nuevo.

Sin darme cuenta el tiempo había transcurrido más rápido de lo que pensaba y quería salir de la habitación antes de que ella se fuera a clase de yoga. Rápidamente me avié, me vestí y después de recoger y adecentar la habitación, salí para esperarla y darle los buenos días.

Quedé sentado en la silla que había en la terraza y al cabo de poco tiempo miré la hora en el reloj, pasaban quince minutos de las ocho. Era extraño que no hubiera salido, podía ser que yo estuviera confundido, pero recapitulé la explicación que me había dado la noche anterior y estaba claro, según mi memoria, que su intención era acudir a clase de yoga a primera hora de la mañana.

Cansado de estar sentado esperando, me puse en pie y en silencio me dirigí a la parte de su terraza. Quedé sorprendido cuando observé que encima de la mesita se encontraba aquel libro con los dibujos pintados en acuarela que había estado ojeando el día anterior. También quedaban la taza de té que había utilizado Rocío y el rollo de papel higiénico con el que ella había estado secando sus lágrimas. Deduje en principio que no había salido de la habitación, pues no podía pensar que se hubiera marchado sin recoger todos aquellos objetos.

Aquella situación me dejó descolocado y pensativo, pero mi desconcierto aumentó cuando giré la mirada hacia su puerta y observé que la llave estaba colocada en la cerradura. Era la muestra evidente de que todavía se encontraba en la habitación.

Estaban a punto de dar las nueve de la mañana y se observaba cierta actividad en las calles estrechas que circundaban la villa, escuchaba las voces de las personas que transitaban y también el ruido de alguna motocicleta que circulaba despavorida como siempre a cualquier lugar. Mi cabeza daba en aquellos momentos muchas, muchas vueltas, no sabía qué pensar, no sabía qué carta jugar en aquella partida.

Perfectamente podía creer que era una insinuación y estuve seducido durante algunos instantes por la idea de abrir la puerta y entrar, la tentación vivía en aquella habitación. «¡Ay de mis cuarenta años!», pensé. Pero no, no era la mejor idea, me vino a la mente que ella no estaba en el mejor momento, y ante la duda, me incliné por respetar su intimidad. Podría ser también que le hubiera pasado algo, una bajada de tensión, quién sabe.

Después de reflexionar y buscar una solución, opté por picar a la puerta con los nudillos de la mano y el silencio fue su contestación. Evidentemente, me preocupé y después de unos segundos volví a llamar repicando de nuevo. La respuesta continuaba sin llegar, así que en voz alta y algo asustado la llamé por su nombre. Instantes después, escuchaba sus pasos.

Se dirigió hacia la entrada de la habitación y con cierta parsimonia abrió la puerta. Llevaba un pijama de dos piezas, pantalón corto y top de color lila pastel muy claro. Nos intercambiamos los buenos días y observé en ella un porte cansino, algo normal cuando una persona recientemente acaba de despertar. Estaba algo aturdida, descolocada. Le pregunté cómo se encontraba, me dijo que había dormido muy poco, que las cortinas transparentaban la luz de la noche y tuvo que ponerse un antifaz de esos que obsequian algunas líneas aéreas para poder dormir durante los vuelos nocturnos.

Le conté mi preocupación de ver que había olvidado la llave puesta en la cerradura y en la mesita estaban todos los enseres que había dejado la noche anterior.

—He llegado muy cansada de la cena —me dijo—, no me he fijado en todo lo que había en la mesa y tampoco me he dado cuenta de la llave. Soy una persona muy confiada y no temo que pueda pasar nada.

Me tranquilicé un poco escuchando sus explicaciones y viendo que se encontraba bien de salud.

—¿Quieres tomar un té?

—Gracias —contesté—, ya he tomado un café con leche.

—No estoy convencida de ir a yoga esta mañana —me explicaba mientras se preparaba su infusión.

—Yo continúo con la idea de pasear por los campos de arroz y también quería ver el famoso camino de la palmera de Campuhan Ridge Wall.

—Si quieres nos vemos para comer sobre las dos y cuarto —me dijo.

—Me parece una idea genial. ¿Dónde quedamos?

Me indicó el restaurante.

—Allí puedes desayunar para tomar fuerzas antes de iniciar la caminata. —Ella había estado anteriormente y tenía buenas referencias.

Cogí la mochila con la cámara de fotografiar y nos despedimos hasta la hora de la comida.

—Pide un zumo *alkalino* o algo así —me dijo, mientras bajaba las escaleras—. Está muy rico.

Me dirigí al restaurante donde ella me indicó, desayuné un *croissant* con un café con leche acompañado de un zumo *alkalino*, tal como ella me había aconsejado, sabroso, por cierto. Así, con el estómago algo más contento, me puse en marcha antes de que el calor apretara.

Hacía un día radiante y eso contribuyó al buen estado de ánimo, y aunque la temperatura y humedad eran bastante elevadas, no eran un impedimento para empezar la excursión. Así que, como dicen en Bali, *«Pergi jalan-jalan»*, es decir, ¡andando!

Y andando me fui en dirección a los arrozales. Uno de los accesos lo encontré al final de la calle Jl. Kageng, a escasos cien metros del Palacio Real. Es una calle estrecha y empedrada en la que no faltan comercios, hoteles y restaurantes. La cabeza me iba de lado a lado mirando las tiendas y al mismo tiempo sorteando las motos para evitar ser embestido.

Después de caminar durante unos minutos alcancé el final de la calle, donde el empedrado se convierte en tierra y una empinada cuesta me hizo llegar a las afueras de la ciudad. A medida que me alejaba se hacía el silencio, el bullicio de la gente, la circulación, el ruido de las bocinas de coches y motos dejaron de sonar. Estaba en otro mundo, un mundo de paz y sosiego en el que por momentos se fueron apoderando mi mente y mi cuerpo.

Caminando por aquellos caminos de tierra, observaba cómo los campesinos, ataviados con sombreros de palma hechos a mano en forma de cono para protegerse del sol —por cierto, muy parecidos a los que usan los vietnamitas—, trabajaban los verdes y resplandecientes campos de arroz con arados tirados por búfalos.

Los arrozales no me parecieron tan espectaculares como los que vi en Tegalalang ni tampoco como los de Jalituwih, pero aquellas terrazas escalonadas con diferentes tonalidades de color verde esmeralda, rodeadas de exuberante vegetación, palmeras, bambúes y una gran variedad de plantas y árboles tropicales, armonizaban con la naturaleza modelando un entorno fascinante. Me quedé embelesado delante de tanta belleza. Allí me di cuenta de por qué los arrozales de Bali son un elemento icónico y están considerados patrimonio cultural de la isla.

Terrazas de arroz

La humedad y el calor empezaban a causar efecto en mi cuerpo y la mochila cargada con la cámara de fotos comenzaba a pesar.

Después de caminar durante largo rato por aquellos senderos escuchando el murmullo del agua que bajaba a través de las acequias que riegan los arrozales, hice una pausa para descansar en un pequeño quiosco situado a la orilla del camino, de esos que están confeccionados con hojas de palma, madera de coco y cañas de bambú, además quedaba perfectamente integrado en el paisaje.

Pedí la bebida ideal para gozar en Bali en un día caluroso, un coco relleno de agua bien fría, y para acabar de disfrutar aquel sabor dulce y suave con todos los sentidos, me lo sirvieron con una pajita metálica. Cada sorbo era una experiencia única y memorable.

Me hubiera pasado todo el día sentado en aquel lugar dejándome acariciar por la suave brisa que proporcionaba la sombra de aquel chiringuito, pero tenía que seguir porque me había propuesto también recorrer aquella mañana el sendero de la palmera de Campuhan Ridge Walk.

Coco bien frío junto a las terrazas de arroz

Me puse en marcha para seguir conectado con el sonido de la naturaleza y seguir disfrutando del aire limpio y fresco y del espectáculo que ofrecían aquellos decorados paisajes. Continué por el trazado que marcan los caminos formando una especie de circunvalación a través de los arrozales, hasta alcanzar otra vez la calle Jl. Raya Ubud. Había vuelto de nuevo a la civilización.

Seguí por la calle Jl. Raya Ubud hacia el norte, marcada por una pronunciada pendiente que conducía hasta las afueras de la ciudad. A pocos minutos andando, iniciaba el camino que conducía a Campuhan Ridge Walk.

Durante ese tramo de unos dos kilómetros, el cambio de paisaje se transforma, una especie de túnel formado por una jungla de vegetación y lianas entrelazadas cubría de un lado al otro la carretera, de tal manera que apenas dejaba pasar tenues rayos de luz. La humedad y las sombras daban una sensación de frescor que contrastaba con el calor de los arrozales, pero el mal estado de las aceras y la densa humareda que desprendían los coches y motos me expulsaban de aquel paraje.

Llegué por fin al inicio del camino. Al principio ascendí una ligera cuesta a través de los campos de arroz, el resto era un suave y sinuoso paseo que transcurría bajo aquel tórrido y ardiente sol que hacía que a los pocos minutos mi camisa quedara totalmente empapada.

El sendero adoquinado de casi cuatro kilómetros recorre el valle fluvial de Sungai Wos y atraviesa de sur a norte una cima elevada con extensas vaguadas llenas de vegetación que bordean el camino. Poco a poco fui descubriendo nuevos paisajes de campos de arroz, selvas tropicales y vistas panorámicas del valle.

A lo largo del camino encontré pequeños templos y estatuas que forman parte integral de la cultura y la espiritualidad de Bali, y algo que me llamó la atención, porque obviamente se podían distinguir a lo lejos, eran dos palmeras de cocotero solitarias y muy distanciadas entre ellas. Eran de tronco estrecho y de altura interminable, estaban situadas al borde del camino, pero no daban sombra, que era lo que andaba buscando. Sin embargo, embellecían el paisaje de una manera singular dando un carácter emblemático y único a todo aquel panorama.

Campuhan Ridge Walk

Después de un largo recorrido y sin apenas alguna sombra donde poder cobijarme de aquel sol abrasador, encontré el Karsa Kafé, un lugar con encanto, ideal para descansar y relajarme con una bebida refrescante. Allí me pude empapar de nuevo del bello paisaje en el que estaba inmerso, del verde de los arrozales, del azul del cielo, de las nubes frondosas que parecían de algodón y del silencio que envolvía aquella atmósfera. Encontré en aquel lugar la mejor terapia para relajar mi cuerpo y mi mente mientras disfrutaba con tranquilidad y parsimonia de aquel largo café con hielo.

Y es que Ubud tiene dos caras muy distintas. Por un lado, el bullicio estresante que percibes cuando te sientes inmerso en el centro de la ciudad, la ininterrumpida circulación de coches, taxis, motos y la sobresaturación de visitantes extranjeros que abarrotan las calles, buscando restaurantes y tiendas, apañándoselas como buenamente pueden para encontrar un hueco en medio de la calle y cruzar de acera a acera ante la carencia de semáforos o pasos de cebra que regulen el tráfico. Por otro lado, a pocos minutos andando y sin apenas darte cuenta, te puedes encontrar en las afueras de la ciudad completamente a campo abierto y en silencio en medio de los arrozales.

Algo que me llamó la atención fue observar la gran cantidad de salones que hay por toda la ciudad dedicados a la práctica de la meditación y el yoga y cómo la gente acude a estos centros en moto a gran velocidad sorteando todos los obstáculos que encuentra a su paso, para luego, en el local y en un silencio sepulcral, sentarse con las piernas cruzadas en posición de loto juntando los dedos índice y pulgar de cada mano, al tiempo que se escuchan mantras para reducir el estrés y la ansiedad, y una vez terminada la sesión, a la salida, sumergirse de nuevo en aquel enjambre motorizado.

Acabando toda esta reflexión, se me hizo la hora de volver y después de deshacerse el último cubito de hielo que quedaba en el vaso, decidí poner rumbo a la villa con el objetivo de darme una ducha refrescante, cambiarme de ropa y salir hacia el restaurante donde había quedado con Rocío para comer.

★★★

Me llevé una agradable sorpresa cuando llegué a la villa. Rocío estaba allí, tranquilamente sentada en la terraza.

—¿Qué haces por aquí? —pregunté—. ¿No has ido a yoga?

—No, estaba muy cansada y he preferido quedarme.

—Todavía me quedan dos sesiones y solo podré consumir una, la otra se la puedes dar a Cristina cuando la veas.

—Me parece bien —le contesté—. Voy a ducharme, me cambio de ropa y salgo inmediatamente. ¿Tienes hambre?

—Mucha, me muero de hambre —respondió.

Aparecí minutos después con ánimo de pasar una tarde y noche que prometía ser tan agradable o mejor que el día anterior.

Al poco rato salió ella de su habitación, preparada para ir a comer y después dirigirnos a la sesión de yoga. Lucía *leggings* de media pierna estampado en colores fucsia, negro y blanco, combinando a juego con una camiseta de tirantes de color negro, todo *glamour*.

—Cuando quieras nos vamos —propuso.

Inmediatamente fuimos en busca de su moto. Llegamos al restaurante y dimos un vistazo en busca de una mesa. Vimos que en la planta baja todas estaban ocupadas, así que subimos al piso de arriba.

Era una sala cuadrada, sus paredes estaban cubiertas por una tela formada por hojas de palmera entretejidas y decoradas con cuadros y motivos balineses. Alrededor había bancos alargados con grandes y mullidos cojines para comer en posición informal. Optamos por escoger una mesa con sillas, nos pareció la opción más cómoda, por lo menos la opción a la que estábamos más acostumbrados a sentarnos.

Miramos la carta que nos trajo la camarera, yo evidentemente me dejé guiar de nuevo por los consejos que ella sugería. Eligió para compartir entre los dos una enorme empanada rellena de verduras, acompañada de platitos pequeños con variedad de ensaladas, arroces, frijoles y fritos. La verdad es que aquella comida tenía buena pinta, pero era muy abundante, interminable, no pude acabar de comer todo aquel manjar, pero ella tampoco. Terminamos comiendo en exceso y aún quedó mucha comida en los platos. Tanto sobró que el resto que no habíamos comido, pidió que lo pusieran en un táper para llevar.

Con el teléfono móvil le hice fotografías mientras comíamos y seguidamente las envié al grupo de mensajes de la familia. Mis hijas preguntaban quién era la persona con la que estaba comiendo. Yo, con cierta soberbia, no pude dejar de presumir de ella.

Elena, mi hija menor, al ver las fotografías aprobó mi elección y haciendo referencia a Rocío dijo: «Te quiero en mi equipo». Tal cual, le trasladé la petición que había formulado Elena, y girando la vista hacia mí, acompañando el gesto con media sonrisa, me dijo:

—Sergi, soy mucho más joven que tus hijas. Tengo treinta y cuatro años, y tú sesenta y nueve, nos separa una diferencia muy grande de edad y eso es difícil de armonizar.

Sí, claro, tenía razón. De un tiempo a esta parte me estoy dando cuenta de que mi edad cronológica no corresponde con mi edad metabólica ni tampoco con mi manera de pensar. No me creo todavía la edad que tengo, estoy ágil, me siento joven y con muchas ganas de vivir. De hecho, la decisión de viajar a Bali forma parte de este sentimiento.

Acabamos de comer y Rocío dio cuenta de que quedaba tiempo todavía para ir a la sesión de yoga y propuso mudarnos de ubicación. Nos acercamos al gran ventanal sin cristales que daba a la calle, en aquel lugar el aire refrescaba algo más.

Mientras tomábamos un té apoyados en la baranda, nos dimos cuenta del alboroto y jaleo que había en el patio de la casa que daba justo frente a nosotros. Nos miramos sorprendidos por lo que ocurría en aquel lugar y sin quererlo fuimos espectadores privilegiados de algo que difícilmente se puede ver en Bali. La posición donde nos encontrábamos nos permitía observar la celebración de un ritual sagrado, era una tarde de pelea de gallos.

Era difícil saber, pero aproximadamente una cincuentena de espectadores, calculo, abarrotaba el lugar, todo hombres, unos sentados en el suelo en forma circular y otros de pie en la parte de atrás se reunían alrededor de una especie de *ring*, preparados muchos de ellos con el dinero en mano, mientras las mujeres iban y venían con bandejas repartiendo comida para los hombres. La algarabía y la emoción subían de tono a medida que los gallos, armados con afiladas cuchillas amarradas a sus patas, entrecruzaban las posiciones y eran agitados por los dueños provocando su excitación. Una vez que los soltaban, se enzarzaban en una pelea que apenas duraba algo más de un minuto, momento en el que se proclamaba un vencedor. La sangre se reflejaba en el suelo y los cientos de miles de rupias pasaban de mano en mano en continuas apuestas. Después de un pequeño descanso volvían a repetirse nuevos combates con diferentes dueños, diferentes animales y nuevas apuestas. Dicen que, para muchos habitantes de Bali, las peleas de gallos son una fuente de ingresos.

Para nosotros fue un espectáculo, realmente era una fiesta, un ritual, era parte de la cultura balinesa. Todo aquel momento se pasó sin darnos cuenta, estábamos embelesados observando aquel acontecimiento. Además, dicho sea de paso, estando a su lado era muy fácil para mí perder la noción del tiempo.

Cuando miramos el reloj, marcaba casi las cuatro y media de la tarde. La clase de yoga empezaba a las cinco y aunque quedaba tiempo, nos dirigimos al centro, en previsión de que cualquier eventualidad pudiera provocar un retraso. En Ubud sabes cuándo sales, pero nunca cuándo llegas.

Toda la vibración que transmitía aquel espectáculo, el calor y, evidentemente, su presencia, aceleraron mi estado de ánimo. Subimos a la moto y rodeando mis brazos por su cintura, la abracé como si formara parte de mí.

Durante aquel corto itinerario, el viento se convirtió en mi aliado, enviando sobre mi rostro el aroma del perfume que emanaba de los poros de su piel y en el trayecto me dio por recordar aquella escena cargada de gran intensidad emocional que tiene lugar en un restaurante de Nueva York donde solos, en el centro del salón y rodeados de comensales, Al Pacino y Gabrielle Anwar bailaban un tango acompañados de la música interpretada por una orquesta en la película *Esencia de mujer*.

Si el día anterior me la estaba comiendo con los ojos, esta vez su sensualidad provocó en mí la emoción de comerla a besos, y durante aquel tiempo que tardamos en llegar, los fui depositando suave y delicadamente sobre su espalda y su cuello descubierto. De esta manera, en un abrir y cerrar de ojos y sin mediar palabra, llegamos a The Yoga Barn.

The Yoga Barn

Este santuario del yoga está ubicado casi en el corazón de Ubud, en la calle Raya Campuhan, a muy pocos minutos del restaurante donde habíamos comido.

Aparcó la moto en el interior del centro y vimos que aún quedaba tiempo para entrar a la sesión de yoga. Después de acreditarnos en recepción, me invitó a recorrer los jardines. Quedé sorprendido, era un lugar maravilloso, relajante, estaba situado dentro de un entorno tropical con jardines exuberantes y vistas al río Ayung. Los estrechos senderos por los que andábamos daban acceso a los diferentes estudios de yoga y estaban rodeados de bambú de gran altura. El silencio solo era quebrado por el canto de los pájaros y el murmullo del agua del río que en algunos tramos transcurría bajo nuestros pies.

Después de recorrer los jardines, nos detuvimos en la plaza principal.

—Encontrarás muchos recovecos con bancos en los que puedes descansar —me dijo—, o si prefieres también puedes hacerlo en la cafetería. Si te parece bien, quedamos allí.

—De acuerdo —le respondí.

—Volveré dentro de una hora aproximadamente. —Y allí se despidió, perdiéndose en aquel frondoso laberinto de caminos.

Sesión de yoga en The Yoga Barn

Había una especie de habitáculos construidos con cañas de bambú diseminados por los jardines y en su interior disponían de enormes colchones y almohadas para poder descansar a pierna suelta. Aquel lugar transmitía sensación de bienestar, tranquilidad y paz.

Observé que frente a mí había una gran zona entarimada de madera con vistas a una gran plazoleta en la que confluían la mayor parte de los senderos que conducían a los diferentes estudios. Allí podía reposar en uno de tantos cojines rellenos de bolitas de poliestireno que toman la forma del cuerpo cuando te dejas caer en él y que invitan a la relajación y al descanso, pero pensé que después de haber comido y con aquella paz y tranquilidad, tenía muchas posibilidades de quedar rendido en el limbo.

Temiendo que pudiera quedarme demasiado relajado en aquellos almohadones, preferí recorrer de nuevo los jardines y dejarme llevar por el clima de paz y bonanza que reinaba en aquel lugar. Después de absorber todo el ambiente, me trasladé a la cafetería a tomar un refresco mientras se acercaba la hora de encontrarme de nuevo con ella.

Al finalizar la sesión, nos vimos de nuevo en la cafetería.

—¿Cómo estás? —preguntó.

—Perfectamente, este espacio te transforma, te sientes diferente. Esta tranquilidad contrasta con todo el ajetreo que se respira fuera de este lugar. Sin hacer nada me ha dejado como nuevo. ¿Cómo te ha ido a ti? —le dije.

—Estupendamente, mejor que antes de venir.

Le propuse tomar un refresco en la cafetería, pero a ella le pareció mejor la idea de sentarnos en uno de aquellos almohadones que antes yo había evitado para no quedar dormido. Nos tumbamos uno al lado del otro intentando acomodarnos y después de unos segundos de silencio preguntó:

—¿Se te ha hecho muy larga la hora de espera?

La respuesta me salió del alma.

—He estado toda una vida esperándote, no importa una hora más.

Se ruborizó.

—Me ha gustado, es una frase muy bonita —me dijo.

Estoy convencido de que en ese momento se retuvo de darme un abrazo, pero ni la posición ni el lugar en que nos encontrábamos eran los más apropiados. Llevaba dentro de sí un autocontrol en sus acciones que no dejaba reflejar sus sentimientos hacia mí.

Por un momento se quedó sin palabras, con la mirada perdida. Quedé observándola y me dio la sensación de que todavía estaba bajo el influjo de la sesión de yoga. Mientras, en mi interior pensaba que, a pesar de todo, se sentía bien conmigo y me vino a la memoria la frase que Cristina, muy observadora, me dijo a la salida del restaurante el día anterior: «No hace falta ser muy espabilada para ver cómo os miráis, y para acabar de completar, concluyó, hacéis muy buena pareja».

—¿Has podido hablar con las chicas? —le pregunté.

—He quedado en vernos para cenar en el Restaurante Café Wayan & Bakery, cosa de las nueve. Aún queda tiempo, pero cuando quieras nos vamos.

Daba pereza levantarse, aquel lugar me hechizaba. Me hubiera gustado prolongar por más tiempo la estancia, pero habíamos quedado para cenar.

De pie frente a ella sonreía mientras la miraba. Veía que también a ella le costaba reanimarse, así que caballerosamente me posicioné y cogiendo sus dos manos la ayudé a levantar. El impulso hizo que nos quedáramos frente a frente. Bajé la mirada, solo nos separaba el fino espacio de nuestro aliento.

No puedo negar que me contuve, sí, me quedé con las ganas de besarla por temor a ser rechazado igual que la noche anterior. Preferí mantener la calma antes que desbaratar una relación que para mí seguía siendo un sueño.

Nos pusimos en marcha con andares parsimoniosos hasta alcanzar la moto que nos llevaría de nuevo a la villa. Oscurecía en Ubud y a medida que se acercaba la noche, el tráfico se hacía más intenso. No me preocupaba, conducía con mucha precaución y seguridad, había depositado mi confianza en ella.

Llegamos a nuestra terraza y antes de separarnos para ir a la ducha y cambiar el vestuario, concretamos la hora del encuentro a las ocho para ir al restaurante en busca de las chicas.

Se hizo el tiempo y esperé sentado a que saliera de su habitación. No tardó mucho más que yo en llegar y como si fuera una repetición de la noche anterior, apareció, se plantó delante de mí girando el cuerpo sobre sí misma con movimientos armoniosos diciéndome:

—¿Te parece bien así?

—Estás preciosa —respondí. Había provocado en mí un hondo y silencioso suspiro.

Era difícil abstraerme de sus encantos, de su sensualidad innata y, al mismo tiempo, ocultar mis emociones. Su extensa melena alcanzaba casi sus caderas, sus largas pestañas realzaban aquellos ojos brillantes con deje de picardía y sus labios de suave carmesí reclamaban dulzura. Como siempre, lo complementaba con la mejor joya que poseía, una radiante y amplia sonrisa marca de la casa.

Arropaba sus largas piernas a modo de falda y enrollado alrededor de la cintura un pareo tradicional balinés de algodón estampado con flores de color dorado y fondo violeta. Complementaba su torso una camisa oscura y, por encima de sus hombros, un fino mantón que protegía su cuerpo de la brisa y la humedad que se palpaba en el ambiente. Sin exagerar, me atrevo a decir que vestía con gran delicadeza, una combinación de sencillez, elegancia y feminidad, una fiesta para la mirada.

Ella fue un regalo para mí, sé que no se puede valorar un regalo por su envoltura y que no se puede juzgar un libro por su encuadernación, pero, aunque llevaba muy poco tiempo conociéndola, podía leer el contenido de sus páginas.

Era meticulosa y perfeccionista, características que yo también poseo porque considero que en la perfección está la belleza. Sabía expresar sus sentimientos de manera muy clara, lo que le permitía hacer amigos en cualquier lugar. Era de mente muy ágil y capaz de encontrar soluciones creativas, además poseía la capacidad de seducir a la concurrencia, cualidad que apreciaba mucho en ella. Y por si fuera poco, disfrutábamos en las conversaciones profundas que manteníamos.

He de reconocer, no obstante, que la rodeaba cierto halo de misterio, la envolvía un aura enigmática, diría yo, pero observé que lograba combinar con equilibrio y destreza estilos contrapuestos. Posiblemente, era su forma de ser o bien podía ser un componente de su personalidad. De cualquier manera, era una de las cosas que más me subyugaba.

Daba la sensación de que no le importaba la edad de las personas que tenía a su lado, la situación emocional por la que atravesaba en aquel tiempo no solicitaba amor ni siquiera el cariño de nadie, pero creo que se sentía arropada y protegida estando en compañía. De todos modos, sigo pensando que si Rocío hubiera podido reanudar su relación amorosa con aquella persona, su futuro seguiría siendo libre y sin ataduras. Pura idiosincrasia.

Se nos hizo muy complicado el trayecto, dimos muchas y muchas vueltas por aquellas calles saturadas de tráfico como siempre, antes de encontrar el restaurante. Tuvimos que parar para consultar de nuevo en Google Maps y rebuscar una y otra vez la calle Raya Ubud. Al mismo tiempo, Rocío puso un mensaje a las chicas para calmarlas del nerviosismo provocado por la larga espera.

Llegamos al restaurante Wayan & Bakery bastante tarde y Cristina y Ruby habían empezado a cenar. Posiblemente, el lugar era tan o más acogedor que el restaurante de la noche anterior, ubicado en un entorno tranquilo, relajado y rodeado de jardines, y aunque las chicas habían preferido coger la mesa en el centro del restaurante, nos sentíamos muy ambientados en aquel entorno. Las paredes quedaban recubiertas de piedra y madera, y el interior estaba decorado con piezas de cerámica y tallas labradas en sándalo, dando un ambiente cálido y muy acogedor.

Fue una inmensa alegría vernos de nuevo. Me preguntaba cómo era posible que cuatro personas de tan diferentes culturas, costumbres y edades hubiéramos congeniado de aquella manera en un país tan exótico.

Nos sentamos a la mesa y, nuevamente, ella fue piropeada por su elegante forma de vestir. No era para menos, la percha tenía tela.

Rocío y yo no cenamos, habíamos comido muchísimo al mediodía. Creo que también influyó bastante el nerviosismo provocado por el tráfico. Ya era muy tarde, yo tenía más sed que hambre y preferí tomar una cerveza grande. Ella también pensaba lo mismo y la compartimos entre los dos.

La bondad de la noche balinesa transcurría sin prisa alguna y creaba una atmósfera perfecta para la conversación y la amistad. Estuvimos hablando los cuatro por los codos durante y después de la cena. Cristina y Ruby nos contaron que habían planeado para el día siguiente un viaje a Nusa Penida, una isla situada al sureste de Bali, conocida por sus impresionantes paisajes naturales, playas de arena blanca, acantilados escarpados y bosques tropicales. Pensaban levantarse temprano porque preveían que el tráfico sería intenso como siempre. Tenían que desplazarse hasta el puerto de Kusamba, el trayecto en barco les suponía una duración de cuarenta minutos aproximadamente y querían aprovechar el día. Prometía ser una excursión interesante. Me propusieron que las acompañara, y yo estaba en duda, no tenía previsto ningún plan.

La segunda cerveza no se hizo esperar y también la volvimos a compartir. Rocío, por su parte, contaba que al día siguiente debía marchar hacia el sur, a la playa de Berawa, cerca de la capital Dempasar. Allí, en el Finns Beach Club, la esperaba una amiga suya de los Países Bajos y después de pasar la noche en aquel lugar, diría adiós al día siguiente a la isla de Bali.

Escuchando el programa que tenía preparado Rocío, me vino a la mente que una de las partes que me faltaba por conocer de la isla era el templo de Tanah Lot. Como había desistido de alquilar una moto dada la experiencia anterior, pensaba en alquilar un coche con chófer para ir a la semana siguiente.

—Dicen que la visita es imprescindible para cualquier visitante de Bali. Es un lugar muy bonito y tiene gran importancia cultural y religiosa. Además, está solo a media hora en coche del Finns Beach Club, tu destino —le comenté.

—Yo tampoco he visto Tanah Lot —me dijo.

En aquellos momentos se estaba fraguando la excursión.

Ketut, el conductor del vehículo que la iba a llevar, era el dueño de la villa donde residíamos y Rocío había acordado el pago final de aquel trayecto en seiscientas mil rupias después de regatear el precio hasta la extenuación. Creo, a mi modo de ver, que el precio fue excesivo.

—Si quieres te acompaño y compartimos a medias el gasto del viaje —le propuse—, de esa manera salimos ganando los dos.

No se lo pensó mucho, la idea le pareció muy buena y la propuesta fue aceptada. Decididamente, decliné con todo mi agradecimiento la invitación que me habían propuesto Cristina y Ruby, y las chicas lo entendieron perfectamente.

La reunión transcurría con armoniosas sensaciones y, mientras, intercambiábamos impresiones y vivencias de nuestra estancia en la isla.

—Para quitarse años de encima no hace falta visitar a la Virgen de Fátima —comenté—, ni siquiera peregrinar a la Virgen de Lourdes. Hay que venir a Bali, y yo, después de esta experiencia, me haré devoto de la Virgen del Rocío.

—¡¡Bien por ti, amigo!! —respondió Ruby, mientras Cristina no paraba de reír y Rocío, con gesto imperturbable, guardaba un callado silencio que por sí mismo se expresaba.

Poco a poco la clientela fue vaciando el local y sin darnos cuenta nos quedamos solos en el centro de aquel restaurante, acompañados por la música de una guitarra y tres voces que sonaban sin cesar desde un rincón del local a ritmo de suaves melodías de los Beatles.

Rocío durante la cena tuvo el acierto de crear un grupo de WhatsApp para estar comunicados, así que quedamos en escribirnos y darnos futuras noticias con el propósito y la ilusión de volvernos a reencontrar de nuevo algún día.

Presentíamos que los camareros nos iban a advertir, pero no fue así, el personal del restaurante se mantuvo con gran discreción hasta que decidimos marchar. La despedida con el personal del restaurante, a pesar de la hora tan intempestiva, fue de una gran cortesía y amabilidad, cosa habitual en Bali.

Acabó una velada espectacular y cerramos el local cuando pasaba más de la una de la madrugada. Nos despedimos en la puerta del restaurante y no faltaron los besos y abrazos y la intención de comunicarnos nuevamente en el futuro.

Yo no vería más a Ruby, después de regresar de Nusa Penida tenía que partir rumbo a Sidney para reunirse con sus hijos. Rocío se despidió de las dos chicas, pues tenía que ir al día siguiente al Finns Beach Club, y Cristina y yo acordamos vernos dos días después para tomar un refresco y entregarle el billete canjeable por una sesión de yoga que Rocío no había podido aprovechar.

★★★

Pocas almas se veían, apenas había tráfico y nuestros pasos resonaban en aquella silenciosa calle. Fuimos a coger la moto, pero antes de ponerla en marcha me pidió que le hiciera una fotografía. La miré fijamente a los ojos, confieso que tenía ganas de ella. Sin decirnos palabra puso rumbo a la villa y tal como nos acercábamos, veía como el final de aquella historia llegaba a su fin.

Subimos a nuestras habitaciones casi a oscuras. La bondad de aquella noche balinesa, el silencio y su presencia componían la sinfonía perfecta para declarar mi confesión en voz baja. Aunque pudiera prever la respuesta que me iba a dar y sabiendo de mi testarudez y mi obstinación, cosa que para bien o para mal las llevo desde siempre cogidas una en cada mano, le dije:

—Rocío, no sé cómo acabará esta historia, pero me gustaría que con toda sinceridad me dijeras si sientes algo por mí, si es verdad que podremos vernos. Me gustas…

—Gracias por tu sinceridad, Sergi —me respondió—, pero mi corazón y mi mente están en el hombre que terminó la relación que teníamos. Créeme que en este viaje he reído, me he emocionado, me he divertido, he conocido a gente, pero él sigue estando en mí. No sé si me podrá perdonar ahora o quizá en el futuro, pero yo intentaré demostrarle que no lo he olvidado. Ahora que voy de vuelta tengo una pequeña esperanza, aunque la verdad es que tampoco quiero mendigar su amor. Quiero estar sin duda con él.

»Ya sé que el amor no entiende de edades ni de géneros —proseguía—, pero lo nuestro solo puede quedar como amigos. Te comprendo y te respeto, pero no siento tanto como tú. Soy sincera, y si eres mi amigo, por favor, acepta y deséame suerte con el que fue mi amor.

—Agradezco tu sinceridad —le dije— y me encanta tu valentía. Eres una gran mujer, tienes mucho coraje y te deseo toda la suerte del mundo. Me gustaría saber que algún día puedas llegar a ser feliz con la persona a la que amas. No sé si volveremos a vernos de nuevo, pero te llevaré en mi corazón y en mi memoria.

Nos despedimos con un abrazo y un beso de buenas noches. Al día siguiente teníamos que encontrarnos de nuevo en la terraza para viajar a Tanah Lot.

La noche cayó sobre mí y las horas en aquella cama se hicieron interminables. El silencio me hacía compañía, tenía en quien pensar. Sus palabras me dejaron abatido, pero a pesar de todo, su sinceridad, sencillez y honestidad atenuaron mi flaqueza y mi lamento.

3

Tercer día

Eran las nueve de la mañana del sábado 13 de mayo. Separé las cortinas del ventanal para que entrara la luz. Hacía un día espectacular, lucía un sol radiante y una temperatura muy agradable, casi primaveral a aquella hora de la mañana. Era de esos días que te dan ganas de gritar, pero también ganas de vivir. Tenía que prepararme para lo que pudiera venir durante la jornada, era previsible lo que iba a suceder…, o no, dependiendo de las cartas con las que jugara ese día.

Después de asearme y tomar el desayuno en la habitación, salí a la terraza para encontrarme con Rocío. Al poco rato, abrió la puerta y nos dimos los buenos días. También ella había desayunado, pero aún le faltaban cosas por recoger y colocar en su gruesa e interminable mochila de diecinueve quilos.

Llevaba un vestido blanco de tirantes, estilo ibicenco, que dejaba al descubierto la mitad de su espalda y las piernas lucían su desnudez hasta un palmo por encima de las rodillas. Su tez morena contrastaba con su indumentaria y, como era costumbre, se mostraba espectacular. Me vino la idea de hacerle unas fotografías antes de marchar, el color terracota de la pared de la terraza combinaba perfectamente con el vestido y el color de su piel

Cuando acabó de ordenar todos sus enseres y antes de que sacara la mochila y las bolsas de la habitación, le pedí por favor si quería hacer de modelo para mí. Ella sabía de mi afición a la fotografía y accedió con mucho agrado a la propuesta. Saqué la cámara y me explayé, era un disparo tras otro, cambiaba de pose sin decirle nada. Se colocó por encima el mantón que llevaba la noche anterior, dejó caer su pelo recogido.

—Me encanta —le dije.

—Seguramente alguna de estas fotos la pondré en mi currículum de LinkedIn —propuso.

Aunque la luz no era la más adecuada, intenté sacar el máximo provecho de aquella sesión. No me hubiera cansado de hacerle fotografías. Evidentemente, era muy fotogénica y esa condición influye positivamente en cualquier fotógrafo.

Cuando acabé la sesión, guardé mi cámara y ella vació las pertenencias que aún quedaban en la habitación, dando un último repaso para ver si había olvidado algo.

Aunque teníamos todo el día por delante para estar juntos, veía como el tiempo se acababa. Bien podía pensar que aquella antigua canción que recordaba parecía estar hecha para mí: «Reloj, no marques las horas…».

Con todo preparado para partir, antes de bajar las escaleras y aprovechando la intimidad que nos proporcionaba aquel lugar, le dije:

—Quiero que te lleves un recuerdo mío, pero esta vez no es nada material, es algo que me gustaría que recordaras para siempre.

Desde la terraza de la villa

Me acerqué a ella y frente a frente la miré a los ojos. Suavemente estreché sus mejillas con mis manos y acerqué su cara hacia mí juntando sus labios con los míos. Era una forma de expresarle mi cariño. Ese dulce beso cumplió mi sueño, le había robado un beso, egoístamente era el mejor regalo que me podía dar.

Quedó sorprendida y con la guardia bajada le robé el segundo beso. Ella asintió con la cabeza y respondió:

—Lo acepto.

Aquellos dos besos llenaron mi alma y transformaron la química de mi cuerpo. Se aceleró el pulso y me dio una sensación de libertad y de vivir que parecía estar volando tan alto como las cometas que lanzan al cielo los balineses en sus rituales religiosos en honor a Bayu, el dios del viento. Sí, yo le había robado dos besos, pero ella me había robado el corazón.

Cometas al viento en el cielo de Bali

Recogimos todo lo que teníamos que llevar y bajamos las escaleras. Allá en el patio central nos aguardaba Ketut, con su mujer y sus hijos para despedirnos, y junto a ellos nos hicimos unas fotografías para tenerlas de recuerdo. Colocamos todos los paquetes en el coche y partimos en dirección a Tanah Lot.

Nos sentamos los dos en la parte trasera del coche y en aquel viaje fuimos recordando los días que habíamos pasado juntos y lo que nos quedaba por vivir. Durante el recorrido aprovechó para hacerme una entrevista para su canal de YouTube. Eso no me lo esperaba, me quedé sorprendido, todo fue improvisado, pero me gustó.

Me preguntó cómo me había ido el viaje, y destacaba, sobre todo, la valentía que veía en mí por el hecho de haber viajado a un lugar tan lejano a mi edad, durante tanto tiempo y sin conocimiento del idioma inglés.

—Espero que no te importe que comparta tu vídeo en mi cuenta —me dijo.

Evidentemente, accedí con sumo placer.

Llegamos a primera hora de la tarde con un sol de justicia. Ketut nos dejó en la puerta de acceso a los jardines, le propusimos que nos acompañara, pero no aceptó y se quedó en el coche.

Tanah Lot es un templo hindú construido en el siglo XVI, está dedicado a la diosa del mar Dewi Danu y es lugar de peregrinaje para los hindúes balineses. El paisaje es espectacular, se encuentra ubicado en un islote rodeado por el océano Índico, y aunque se puede acceder caminando, nosotros no tuvimos la oportunidad de hacerlo, ya que la marea estaba alta y era imposible su entrada.

Ante esa coyuntura, anduvimos por entre las calles estrechas repletas de tiendas saturadas de recuerdos para los turistas y paramos para comer en uno de tantos restaurantes que la gastronomía balinesa ofrece en aquel lugar, pedimos una variedad de ensalada con algo de arroz y pescado. La verdad es que no teníamos mucha hambre. Ya era tarde, el calor sofocante y la humedad impregnaban nuestras ropas creando una gran incomodidad y cierto grado de angustia.

Templo de Tanah Lot

Después de comer, paseamos por los espectaculares jardines que bordean la costa y allí hicimos un alto en el camino para descansar en un bar situado muy cerca de los acantilados. Durante esa pausa y bajo la sombra de un enorme paraguas confeccionado con hojas de palma y acariciados por la brisa del mar, nos paramos a tomar un agua de coco bien fría. Entre sorbo y sorbo, y con el templo de Tanah Lot de fondo, le hice las últimas fotografías que sin duda engrosarían el álbum de mis recuerdos.

Observé que Rocío estaba muy pendiente del teléfono, intentaba comunicarse con su amiga y no respondía a sus llamadas, así que consensuamos la decisión, apuramos el agua de coco que nos quedaba y marchamos a Finns Beach Club.

En media hora llegamos al lugar acordado. El Finns Beach Club está situado en la playa de Berawa, desde allí pudimos contemplar unas vistas impresionantes al océano Índico, era un lugar ideal para tomar el sol y, al mismo tiempo, disfrutar de la música en directo. Con razón está considerado uno de los clubes de playa mejores del mundo.

Entramos al recinto privado y nada más poner el pie en tierra fuimos acordonados por una brigada de vigilantes fornidos que nos acompañaron hasta el *hall* del club. En recepción, un batallón de azafatas de gran atractivo, ataviadas con vestidos blancos, ceñidos y de una talla menor de lo aconsejable, nos recibían con exquisita amabilidad y, al instante, después de rellenar un formulario, quedamos despojados de todas nuestras pertenencias, permaneciendo depositadas bajo custodia en la recepción del club, a excepción de la cartera con la documentación.

Preguntamos por su amiga e inmediatamente fuimos conducidos hasta su encuentro. Nos adentramos en un espacio al aire libre, inmenso, con mucho encanto, bordeando piscinas, restaurantes, barras de bar y acompañados de una estruendosa música que cambiaba de ritmo y estilo dependiendo de la zona donde nos encontráramos, todo con un atractivo muy especial. Chicas en biquini y hombres de cuerpos atléticos con refresco en mano abarrotaban el lugar, casi todos ellos visitantes extranjeros de procedencia mayormente británica, rusa y australiana.

Entre todo aquel bullicio fuimos presentados. Su amiga, para tener un documento gráfico del encuentro, nos hizo una fotografía en aquel paraíso de la diversión. Estuvimos hablando escasos minutos, la estridente música enturbiaba nuestra conversación. Yo me tenía que marchar y el chófer me estaba esperando en la puerta. Rocío le dijo a la amiga que quería despedirse de mí y me acompañó a la puerta del Club. Allí pasamos cuentas con Ketut y le pagamos el importe acordado del trayecto.

—Lo hemos pasado muy bien, quizá la vida algún día nos vuelva a reunir de nuevo —le dije con esperanza.

Juntos, cara a cara nos miramos, fueron dos besos y un fuerte y largo, muy largo abrazo lo que me hizo estar nuevamente unido a ella. Después y aún cogidos de la mano, nos despedimos deseándonos toda la suerte del mundo.

Nos separamos y en ese momento tuve la impresión de que un gran vacío se apoderaba de mí.

Subí al coche y a través de la ventanilla la despedí de nuevo soplándole los besos que colmaban a rebosar las palmas de mis manos, así hasta perder su imagen.

Ketut se había percatado de la efusividad y el cariño con el que nos habíamos despedido y durante el camino me preguntó si teníamos alguna relación. Evidentemente, le mentí con una respuesta disfrazada de sentimiento paternalista, le comenté que no sentía nada, que solo era una amistad muy grande y que podía ser mi hija. Se sorprendió cuando le dije que tenía dos hijas de cuarenta y cuatro y cuarenta y dos años. Me comparaba con su padre, mucho más joven que yo, y no daba crédito de que pudiera estar cerca de cumplir setenta años.

El silencio se hizo durante largo rato y la mirada humedecida por las lágrimas quedaba borrosa y extraviada observando los verdes campos de arroz, al tiempo que mi mente quedaba inundada de continuos recuerdos.

★★★

Un día llamó a mi puerta, llamó a mi vida y le abrí el corazón de par en par. Nunca me arrepentiré de mis actos, tenía que suceder y así pasó. Si en esta vida se necesita un motivo por el que vivir, ella bien podía ser el motivo. En ella encontré de nuevo y por unos días el sentido de la vida, mi salud mental necesitaba esa tensión interior por lo que luchar, por algo que mereciera la pena, y ella lo merecía, aunque fuera una lucha en vano.

Se marchó y, con ella, su sonrisa, sus contagiosas ganas de vivir y su ilusión. Siempre le estaré agradecido porque, a través de ella, la vida me regaló tres maravillosos días que no estaban contemplados en mi calendario.

Dicen que nada llega por casualidad en esta vida, que todo tiene su sentido, por eso creo que con su presencia vino a enseñarme las últimas lecciones que me quedaban pendientes de una asignatura llamada amor, y además hizo aumentar en mí los conocimientos del difícil arte de envejecer.

Ella fue la persona que sin quererlo me motivó a escribir este libro, contribuyó a mi crecimiento espiritual y a comprender de nuevo que la vida nos enseña a base de experiencias, experiencias que hay que vivirlas intensamente para aprender, y yo estaba dispuesto a aprender, estaba dispuesto a vivirlas a pesar de mi edad.

Todas las etapas que conforman el ciclo de nuestras vidas tienen su lado positivo y su lado negativo, todas, pero la vejez, pienso, tiene el lado negativo más cruel en la vida de un individuo, ya que prohíbe todos los placeres que da la juventud, y eso, a veces, no es fácil de asimilar.

Recuerdo aquel fragmento del poema titulado «La Marioneta» que escribió el popular humorista mexicano Jhonny Welch y atribuido erróneamente a Gabriel García Márquez que rezaba: Cuán equivocados están los hombres al pensar que dejan de enamorarse porque envejecen, sin saber que envejecen porque dejan de enamorarse.

No sé si volveré a verla algún día, aunque mantengo la esperanza de que ese día pueda llegar. Si así pasara, sinceramente, no la podré ver como una hija porque la relación, evidentemente, no lo propició, pero sentiré respeto y admiración y veré en ella a la mujer que me hizo vivir, reír e incluso, por qué no decirlo, llorar y supo desatar en mí aquella tensión que había perdido y olvidado con el transcurso de los años, el amor.

No sé cuánto me queda por vivir, tampoco pienso en ello. ¡Qué importa la edad! Sé que llegará ese día y cuando las manos empiecen a temblar, traeré a mi mente, apoyando mi cabeza en la almohada de mi vejez, los recuerdos, esos recuerdos suyos que guardaré celosamente custodiados.

Regresamos a Ubud ya casi de noche. Sin ganas de cenar, me acosté en la cama. Aquel día se había terminado, ya nada tenía sentido.

Decía el filósofo prusiano Immanuel Kant que la felicidad es un ideal de la imaginación. La imaginaré para ser feliz.

Índice